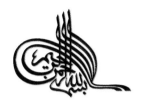

بسم الله الرحمن الرحيم

التّربية الإسلاميّة

الطبعة السابعة

١٤٣٣ ـ 1433 هـ / ٢٠١٢ ‎ 2012 م

دار غرناطة للنشر و الخدمات التربوية

جميع حقوق الطبع والنشر محفوظة

SEPTIÈME ÉDITION

Copyright ©, Éditions GRANADA - octobre 2012

ISBN : 2-915671-50-8

Tél. : + 33 (0) 1 41 22 38 00 - Fax : + 33 (0) 1 41 22 38 30

التربية الإسلامية

المستوى

ت

التحضيري

granada
EDITIONS

غرناطة
للنشر والخدمات التربوية

كلمة معالي الدكتور
عبد العزيز بن عثمان التويجري
المدير العام للإيسيسكو

بسم الله الرحمن الرحيم

المنظمة الإسلامية للتربية والعلوم والثقافة
ISESCO إيسيسكو

Organisation islamique
pour l'Education, les Sciences et la Culture
ISESCO

Directeur général

المدير العام

Islamic Educational, Scientific
and Cultural Organization
ISESCO

Director General

تقديم

تُعنَى المنظمة الإسلامية للتربية والعلوم والثقافة -إيسيسكو- عناية كبيرة بتوفير الوسائل كافة لتنشئة الأجيال الصاعدة من أبناء الجماعات والمجتمعات الإسلامية في المهجر، تنشئةً تربويةً متوازنةً ومتكاملة، تنطلق من تعلّمها اللغة العربية وتشرّبها روح التربية الإسلامية، من أجل تعزيز معرفتها بثقافتها وتقوية انتمائها إلى الأمة الإسلامية.

ولا تدخر المنظمة الإسلامية للتربية والعلوم والثقافة وسعاً لتحقيق هذا الهدف النبيل، وقد عقدت أخيراً اتفاقية للتعاون مع مؤسسة غرناطة للنشر والخدمات التربوية، التي يوجد مقرها في العاصمة الفرنسية باريس والمتخصصة في نشر الكتاب المدرسي، تقضي بدعم السلسلتين التعليميتين المتميّزتين : **(الأمل)** و**(العربية الميسَّرة)** اللتين تصدران عن هذه المؤسسة.

وفي هذا الإطار، تصدر المنظمة الإسلامية للتربية والعلوم والثقافة ومؤسسة غرناطة للنشر والخدمات التربوية، هذا الكتابَ التعليميَّ الموجَّه للأطفال المسلمين المقيمين في الغرب والراغبين في تعلّم اللغة العربية من خلال المنهج التدريسي الحديث، وبالأسلوب التعليمي الميسر، وبهذا الإخراج الفني الجميل الذي يجمع بين رونق الشكل وجماله، وبين أصالة المضمون وكماله، وبالطريقة التي تقرّب المعرفة اللغوية الميسَّرة إلى النشء المسلم، على نحو يذكي في قلبه حبَّ لغة الضاد، وينمّي في نفسه مشاعر الولاء لدينه ولتراثه ولثقافته ولأمته.

فاللّه نسأل أن ينفع أجيالنا الجديدة في بلاد المهجر بهذا الكتاب التربوي التعليمي المشوّق. وهو سبحانه الموفق والهادي إلى سواء السبيل.

الدكتور عبد العزيز بن عثمان التويجري

المدير العام للمنظمة الإسلامية للتربية والعلوم والثقافة

- إيسيسكو -

Avenue des F. A. R. - Hay Ryad - Rabat - Royaume du Maroc - B. P. 2275 - C. P. 10104 شارع الجيش الملكي - حي الرياض - الرباط - المملكة المغربية - ص. ب. 2275 - ر. ب. 10104
الهاتف : Tél. : +212 (0) 37.56.60.52 / 53 - فاكس : Fax : +212 (0) 37.56.60.12 / 13
البريد الإلكتروني : webmaster : isesco@isesco.org.ma - الموقع : Website : www.isesco.org.ma

بسم الله الرّحمان الرّحيم

مقدّمة لجنة التّأليف

يسرنا أن نضع بين أيديكم كتاب التربية الإسلامية للمستوى التحضيري وهو الحلقة الأولى من سلسلة الأمل التربوية التي تمثل ثمرة سنوات طويلة من العمل الجاد والتجارب الثرية مع الأطفال وقد اعتمدنا في هذا الكتاب مبدأ التيسير وحرصنا على أن يكون التعلم من خلاله مريحا ومشوقا.

وهو يهدف إلى:

1 - تلقين الطفل المبادئ الأولية لدينه الإسلامي وتنمية ملكتي الاستماع والحفظ لديه.

2 - تحفيظه ما تيسر من القرآن الكريم والحديث الشريف والأناشيد الهادفة.

3 - تعليمه بعض الآداب الإسلامية التي تناسب عمره وتمكنه من التعايش مع غيره في احترام.

ولتحقيق هذه الأهداف حرصنا على تقديم محتوى الكتاب في شكل جذاب، مشتملا على وضعيات حية تعين الطفل على اكتساب جملة من الأخلاق التي تهذب سلوكه.

ولا يفوتنا أن ندعو المربين إلى اعتماد أسلوب تنشيطي يعلم الطفل في جو ملؤه الثقة والمحبة والارتياح.

وحتّى يكون هذا الكتاب وليد عصره، آخذا بناصية الحداثة، مرغِّبا حقًّا، تشتهيه الأنفس وتُقبل عليه أذهان النّاشئة في هذا العصر الذي ما انفكّت تتنوّع وسائط المعرفة فيه وتتكاثر وسائل الإعلام المسموعة والمرئيّة والرّقميّة وتتناحر، مضيّقةً بذلك من مساحة الكتاب المدرسي في شكله الكلاسيكي، كان لزاما أن نرفده بوسائط أخرى حيّة، مشوّقة، وعصريّة، تعيد إليه منزلته الأولى.

فكان أن حوّلنا مادّته الورقيّة مادّة رقميّة، ووضعنا لكلّ مستوى من مستوياته قرصا مضغوطا (CD)* يستعيد ما فيه من معارف وأنشطة مع إعادة إخراجها، بما يضمن خفّتها وطرافتها أوّلا، وتنوّع المداخل إليها، ويضمن حسن قبول المتعلّم لها، وسرعة استجابته إليها، ويُسر تعامله معها، سواء في الفصل ـ ساعة الدّرس ـ أو في المنزل بعده، وسواء بعون المعلّم أو بغيره... فإنّ قصد هذا الوسيط الرّقميّ أن يوسّع من دائرة استقلال الطالب ويمهّد له سبل التّعلّم الذّاتي.

ونحن إذ نقدّم إليكم هذا الجهد، فإنّنا ننتظر منكم خالص نصحكم، وملاحظاتكم الهادفة إلى تطوير هذا الكتاب، والارتقاء به نحو الأمثل شكلا ومضمونا.

والله الموفـق، وهو الهادي إلى سواء السبيل.

* لا يوزّع القرص مع الكتب وإنّما يباع على حدة

سُورَةُ الفَاتِحَةِ

بِسْمِ اللَّهِ الرَّحْمَٰنِ الرَّحِيمِ ❶

الْحَمْدُ لِلَّهِ رَبِّ الْعَالَمِينَ ❷ الرَّحْمَٰنِ الرَّحِيمِ ❸ مَالِكِ يَوْمِ الدِّينِ ❹ إِيَّاكَ نَعْبُدُ وَإِيَّاكَ نَسْتَعِينُ ❺ اِهْدِنَا الصِّرَاطَ الْمُسْتَقِيمَ ❻ صِرَاطَ الَّذِينَ أَنْعَمْتَ عَلَيْهِمْ غَيْرِ الْمَغْضُوبِ عَلَيْهِمْ وَلَا الضَّالِّينَ ❼

الْوَحْدَةُ الأُولَى

أُحِبُّ اللَّـهَ

أَحْفَظُ:

لَا إِلَـهَ إِلَّا اللَّـهُ

أُحِبُّ الرَّسُولَ

أَحْفَظُ:

مُحَمَّـدٌ
رَسُولُ اللَّـهِ

أُحِبُّ وَالِدَيَّ

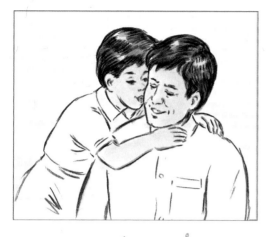

أُحِبُّ أُمِّي

أُحِبُّ أَبِي

أَحْفَظُ: قَالَ رَسُولُ اللَّهِ صَلَّى اللَّهُ عَلَيْهِ وَسَلَّمَ:

﴿ بِرُّوا آبَاءَكُمْ ﴾ أخرجه الطبراني

أُلَوِّنُ:

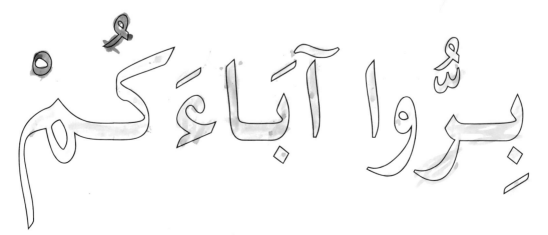

بِرُّوا آبَاءَكُمْ

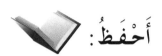

اللَّهُ أَكْبَرُ

أَحْفَظُ :

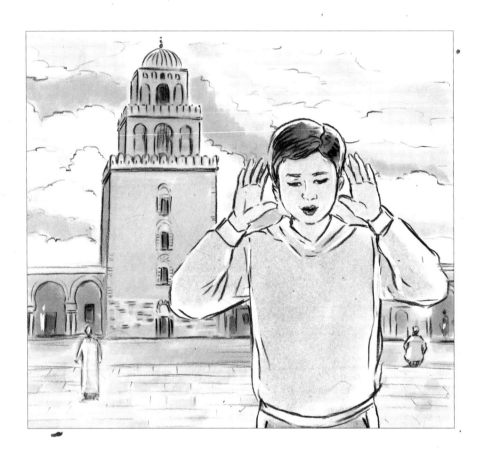

اللَّهُ أَكْبَرُ

أُلَوِّنُ :

اللَّهُ أَكْبَرُ

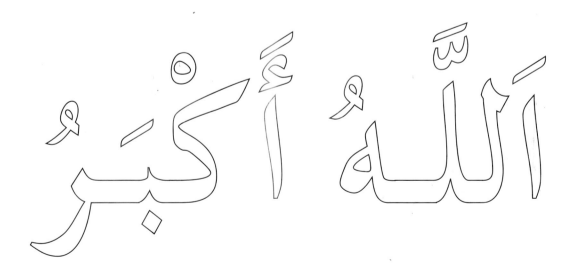

أُلَـوِّنُ

مَاهُـوَ الْمَـوْقِفُ الَّذِي يُعْجِبُـكَ ؟ أُجِيبُ بِـ : نَعَمْ أَوْ لاَ

نَعَـمْ | لاَ

نَعَـمْ | لاَ

رَبِّي

رَبِّي رَبِّي نَوِّرْ دَرْبِي

طَهِّرْ قَلْبِي وَاغْفِرْ ذَنْبِي

أَنْتَ الْخَالِقُ أَنْتَ الرَّازِقُ

أَنْتَ الْفَالِقُ كُلَّ الْحَبِّ

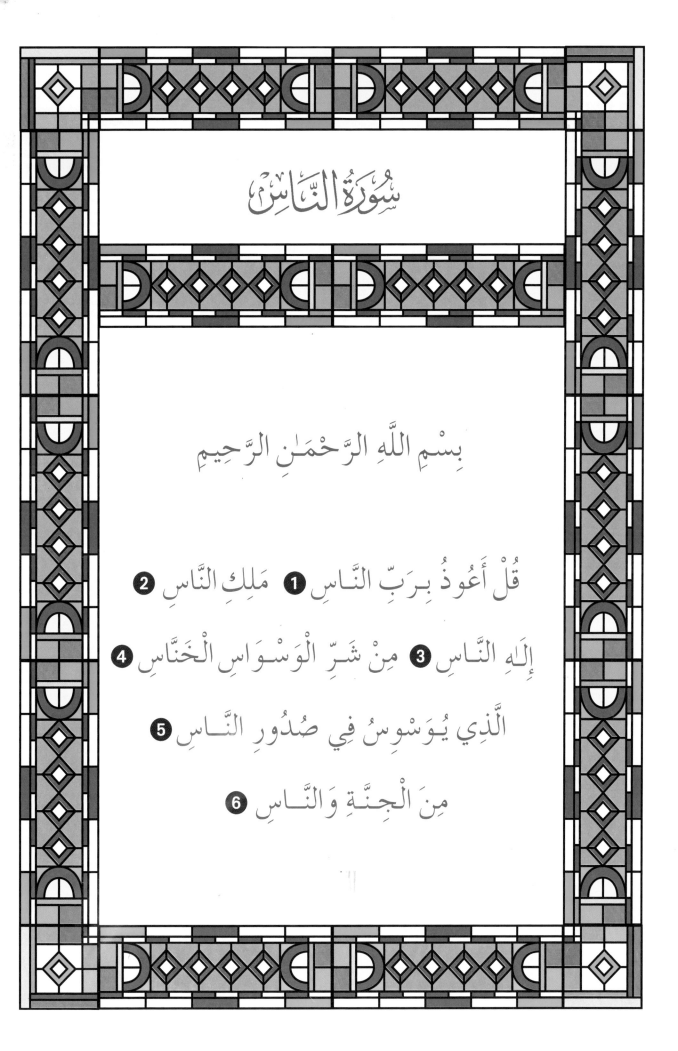

سُورَةُ النَّاسِ

بِسْمِ اللَّهِ الرَّحْمَنِ الرَّحِيمِ

قُلْ أَعُوذُ بِرَبِّ النَّاسِ ❶ مَلِكِ النَّاسِ ❷
إِلَهِ النَّاسِ ❸ مِنْ شَرِّ الْوَسْوَاسِ الْخَنَّاسِ ❹
الَّذِي يُوَسْوِسُ فِي صُدُورِ النَّاسِ ❺
مِنَ الْجِنَّةِ وَالنَّاسِ ❻

أُحِبُّ الصَّلاَةَ

أُصَلِّي فِي الْمَسْجِدِ

أُصَلِّي فِي الْبَيْتِ

أَحْفَظُ :

قَالَ اللَّهُ تَعَالَى:

﴿ وَأَقِيمُوا الصَّلاَةَ ﴾ سورة البقرة ـ 43

أُحِبُّ الْـمُسْلِمِـينَ

أُحِبُّ أَصْدِقَـائِي

أُحِبُّ جِيـرَانِي

أَحْـفَـظُ: قَالَ رَسُولُ اللَّهِ صَلَّى اللَّهُ عَلَيْهِ وَسَلَّمَ:

﴿ الْـمُسْلِمُ أَخُـو الْـمُسْلِمِ ﴾ متفق عليه

أُلَوِّنُ:

الْـمُسْلِمُ أَخُـو الْـمُسْلِمِ

مُحَمَّدٌ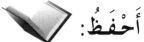

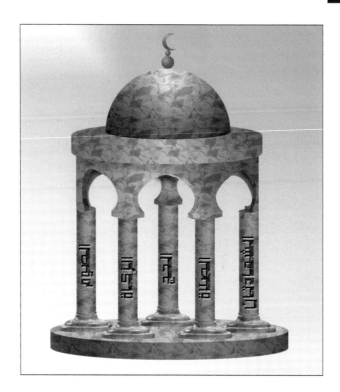

أَحْفَظُ:

مُحَمَّدٌ صَلَّى اللَّهُ عَلَيْهِ وَسَلَّمَ

أُلَوِّنُ:

صَلَّى اللَّهُ عَلَيْهِ وَسَلَّمَ

أُلَوِّنُ

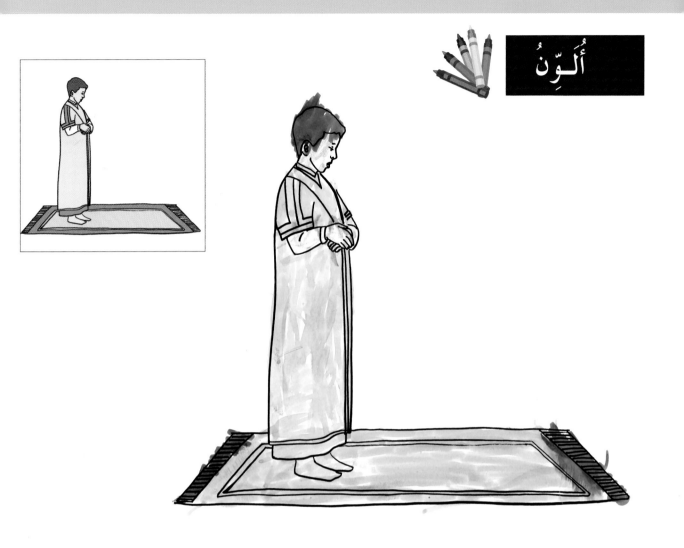

أَشْطُبُ الْأَعْمَالَ الَّتِي لَا أُحِبُّهَا

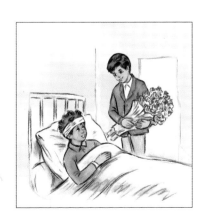
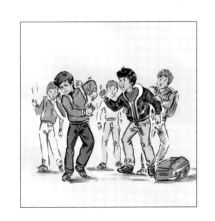
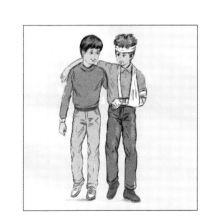

يَـا إِلَاهِـي

يَـا إِلَاهِـي يَـا إِلَاهِـي
يَا مُجِيبَ الدَّعَـوَاتِ
اِجْعَلِ الْيَـوْمَ سَعِيـدًا
وَكَثِيرَ الْبَرَكَـــاتِ
وَأَعِنّي فِي دُرُوسِـي
وَأَدَاءِ الْـوَاجِبَـــاتِ

سُورَةُ الْفَلَقِ

بِسْمِ اللَّهِ الرَّحْمَٰنِ الرَّحِيمِ

قُلْ أَعُوذُ بِرَبِّ الْفَلَقِ ❶ مِنْ شَرِّ مَا خَلَقَ ❷ وَمِنْ شَرِّ غَاسِقٍ إِذَا وَقَبَ ❸ وَمِنْ شَرِّ النَّفَّاثَاتِ فِي الْعُقَدِ ❹ وَمِنْ شَرِّ حَاسِدٍ إِذَا حَسَدَ ❺

الْوُضُوءُ

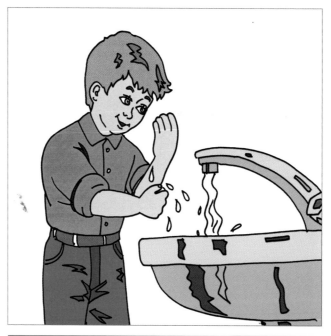

أَتَوَضَّأُ قَبْلَ الصَّلاةِ

أُلَوِّنُ :

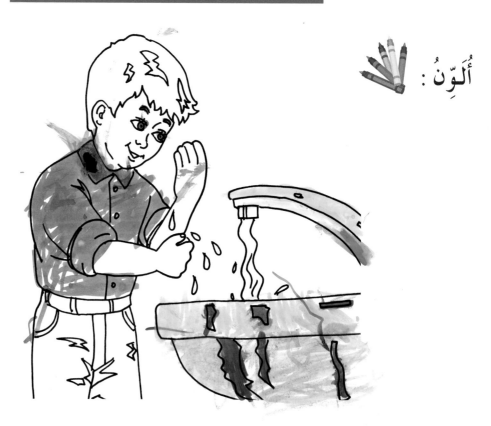

أُحِبُّ النَّظَافَةَ

الْمُسْلِمُ :

◄ نَظِيفُ الْبَدَنِ

◄ نَظِيفُ الثِّيَابِ

أَحْفَظُ : قَالَ رَسُولُ اللَّهِ صَلَّى اللَّهُ عَلَيْهِ وَسَلَّمَ :

﴿ الطُّهُورُ شَطْرُ الْإِيمَانِ ﴾ رواه مسلم

أُلَوِّنُ :

الطُّهُورُ شَطْرُ الْإِيمَانِ

الْوَحْدَةُ الثَّالِثَةُ

بِسْمِ اللَّهِ

أَحْفَظُ :

بِسْمِ اللَّهِ

أُلَوِّنُ :

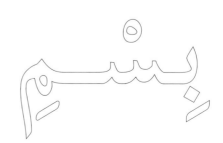

أَقُولُ : " بِسْمِ اللَّهِ "

أَقُولُ : " بِسْمِ اللَّهِ "

بِسْمِ اللَّهِ

أُلَوِّنُ

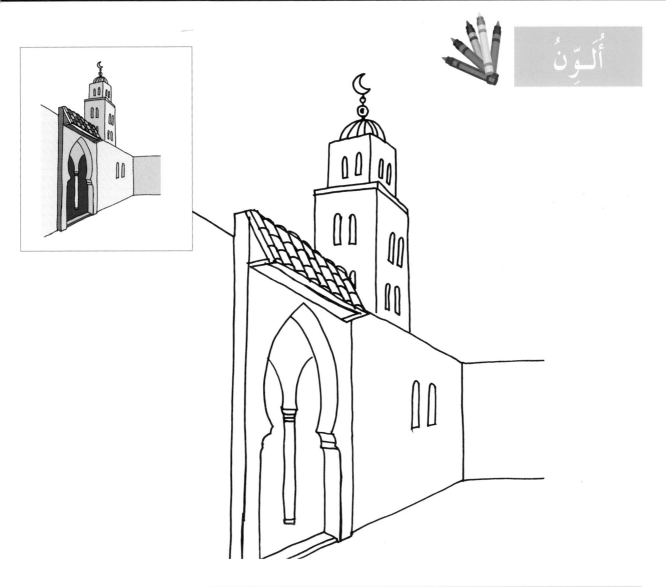

أَشْطُبُ الصُّورَةَ الَّتِي لَا تُعَبِّرُ عَنِ النَّظَافَةِ

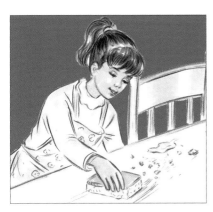

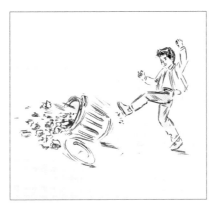

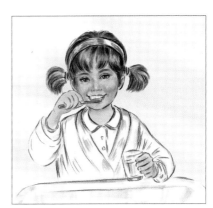

بِسْـمِ اللَّـهِ

أَبْـدَأُ لِعْبِـي بِسْـمِ اللَّـهِ

أَقْـرَأُ أَكْـتُبْ بِسْـمِ اللَّـهِ

آكُلُ أَشْـرَبْ بِسْـمِ اللَّـهِ

أَرْكَبُ أَسْبَحْ بِسْـمِ اللَّـهِ

سُورَةُ الْإِخْلَاصِ

بِسْمِ اللَّهِ الرَّحْمَٰنِ الرَّحِيمِ

قُلْ هُوَ اللَّهُ أَحَدٌ ❶ اللَّهُ الصَّمَدُ ❷

لَمْ يَلِدْ وَلَمْ يُولَدْ ❸ وَلَمْ يَكُنْ لَهُ كُفُوًا أَحَدٌ ❹

الـصَّـدَقَــةُ

الْمُسْلِـمُ يَتَصَـدَّقُ مِنْ مَـالِـهِ عَلَى الْفُقَـرَاءِ

أَحْـفَـظُ:

قَالَ رَسُولُ اللَّهِ صَلَّى اللَّهُ عَلَيْهِ وَسَلَّمَ:

﴿ مَـا نَقَصَ مَـالٌ مِنْ صَدَقَةٍ ﴾ رواه مسلم

أُحِبُّ عَمَلَ الْخَيْرِ

أَحْفَظُ: قَالَ رَسُولُ اللَّهِ صَلَّى اللَّهُ عَلَيْهِ وَسَلَّمَ:

﴿ كُلُّ مَعْرُوفٍ صَدَقَةٌ ﴾ رواه البخاري

أُلَوِّنُ:

كُلُّ مَعْرُوفٍ صَدَقَةٌ

الْحَمْدُ لِلَّـهِ

أَحْفَـظُ :

الْحَمْدُ لِلَّـهِ

أَقُـولُ: "الْحَمْدُ لِلَّهِ"

أَقُـولُ: "الْحَمْدُ لِلَّهِ"

أُلَوِّنُ :

الْحَمْدُ لِلَّـهِ

أُلَـوِّنُ

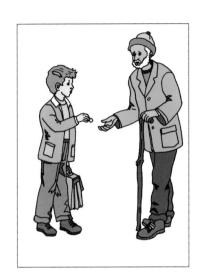

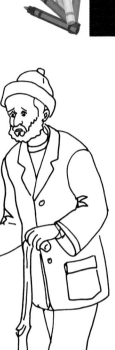

أَصِلُ بِسَهْمٍ

الْـحَـمْـدُ لِلَّـهِ

بِسْمِ اللَّـهِ

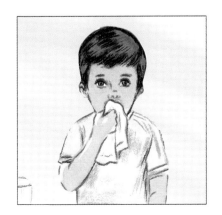

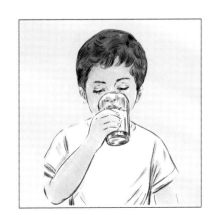

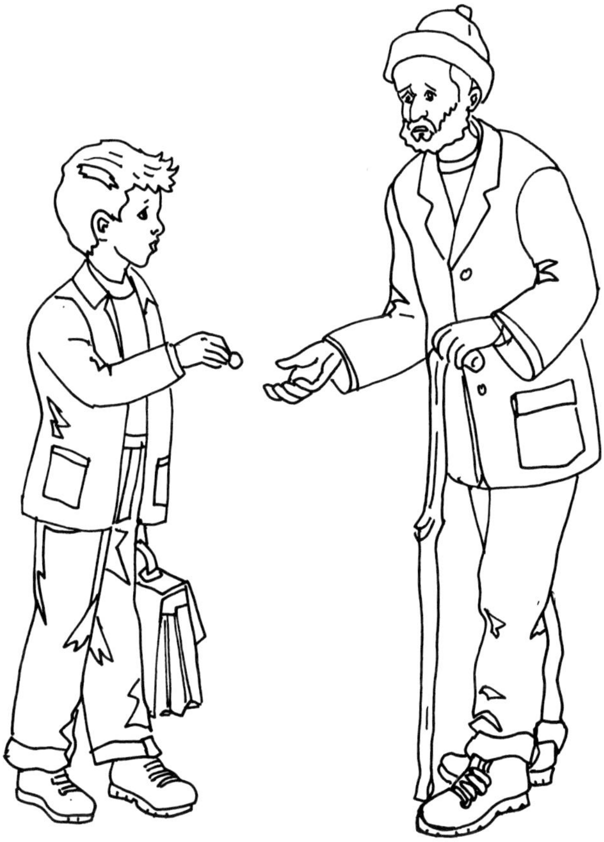

الصَّبَاحُ

أَطَلَّ الصَّبَـاحُ   وَعَادَ النَّهَـارْ

وَقَـامَ الصِّغَـارُ   وَقَامَ الْكِبَـارْ

فَحَمْدًا وَشُكْـرًا   لِرَبِّ الْأَنَـامْ

عَلَى الشَّمْسِ وَالنُّورِ   بَعْدَ الظَّلَامْ

سُورَةُ المَسَدِ

بِسْمِ اللَّهِ الرَّحْمَٰنِ الرَّحِيمِ

تَبَّتْ يَدَا أَبِي لَهَبٍ وَتَبَّ ❶ مَا أَغْنَى عَنْهُ مَالُهُ وَمَا كَسَبَ ❷ سَيَصْلَى نَارًا ذَاتَ لَهَبٍ ❸ وَامْرَأَتُهُ حَمَّالَةَ الْحَطَبِ ❹ فِي جِيدِهَا حَبْلٌ مِنْ مَسَدٍ ❺

شَهْرُ رَمَضَانَ

أَحْفَظْ: قَالَ رَسُولُ اللَّهِ صَلَّى اللَّهُ عَلَيْهِ وَسَلَّمَ:

﴿صُومُوا تَصِحُّوا﴾ السيوطي

أُلَوِّنُ:

صُومُوا تَصِحُّوا

جَـاءَ الْعِيـدُ

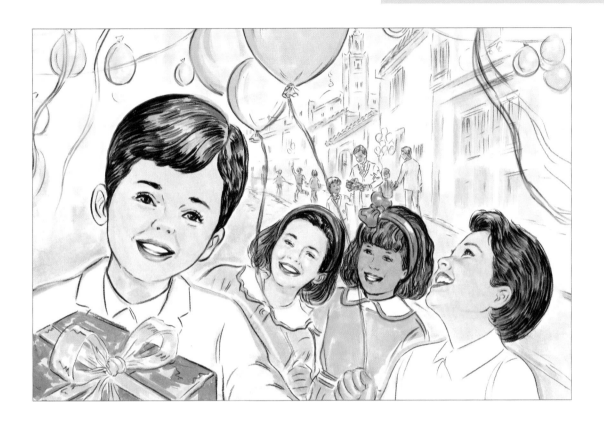

أَحْفَظُ: **عِيـدًا سَعِيــدًا**

أُلَوِّنُ :

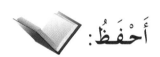

عِيـدًا سَعِيــدًا

الْوَحْدَةُ الخَامِسَةُ

السَّلامُ عَلَيْكُمْ

أَقُـولُ : "السَّلامُ عَلَيْكُمْ"

أَقُـولُ : "السَّلامُ عَلَيْكُمْ"

أَحْفَظُ : السَّلامُ عَلَيْكُمْ

أُلَوِّنُ :

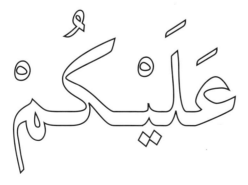

السَّلامُ عَلَيْكُمْ

أُلَوِّنُ

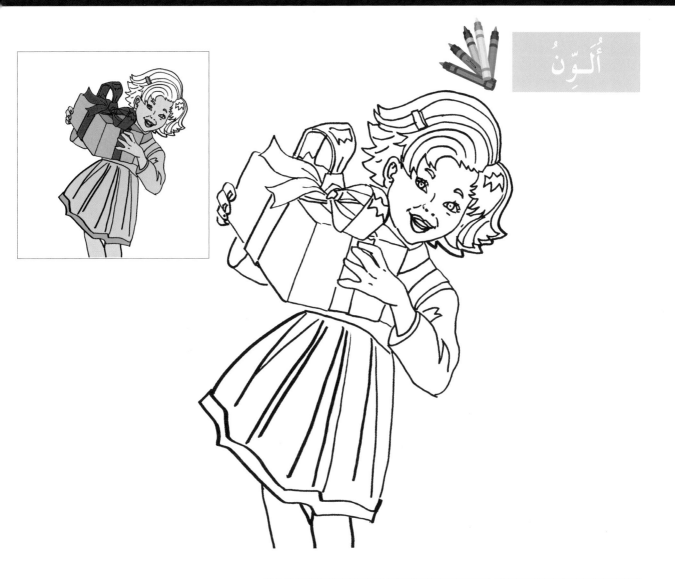

مَاذا أَقُولُ فِي مِثْلِ هَذِهِ الْحَالاَتِ؟

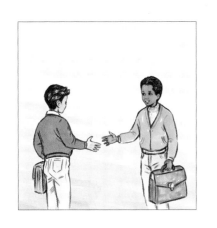

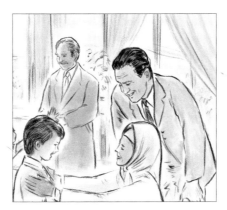

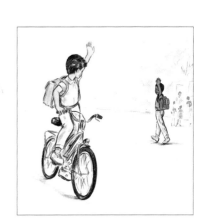

أُنْشُودَتِي

يَا رَبَّنَا

يَا رَبَّنَا يَا رَبَّنَا
بَارِكْ لَنَا الْعَمَلْ
يَسِّرْ لَنَا يَسِّرْ لَنَا
حَقِّقْ لَنَا الْأَمَلْ
كُنْ مَعَنَا كُنْ مَعَنَا
أَنِرْ لَنَا السُّبُلْ

سُورَةُ النَّصْرِ

بِسْمِ اللَّهِ الرَّحْمَـٰنِ الرَّحِيمِ

إِذَا جَاءَ نَصْرُ اللَّهِ وَالْفَتْحُ ❶ وَرَأَيْتَ النَّاسَ يَدْخُلُونَ فِي دِينِ اللَّهِ أَفْوَاجًا ❷ فَسَبِّحْ بِحَمْدِ رَبِّكَ وَاسْتَغْفِرْهُ إِنَّهُ كَانَ تَوَّابًا ❸

الْحَجُّ

نَحُجُّ إِلَى الْكَعْبَةِ

نَذْبَحُ كَبْشًا

أَحْفَظُ:

قَالَ اللَّهُ تَعَالَى:

﴿ وَأَتِمُّوا الْحَجَّ وَالْعُمْرَةَ لِلَّهِ ﴾ سورة البقرة ـ 196

لاَ أَكْذِبُ

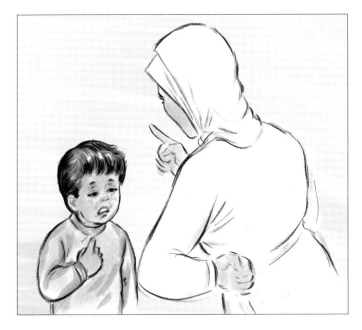

لاَ تَكْذِبْ !

أَحْفَظُ: قَالَ رَسُولُ اللَّهِ صَلَّى اللَّهُ عَلَيْهِ وَسَلَّمَ:

﴿ إِيَّاكُمْ وَالْكَذِبَ ﴾ أخرجه أحمد

أُلَوِّنُ:

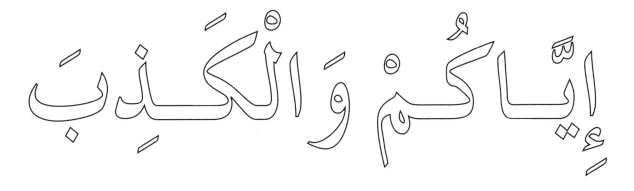

إِيَّاكُمْ وَالْكَذِبَ

سُبْحَانَ اللَّهِ

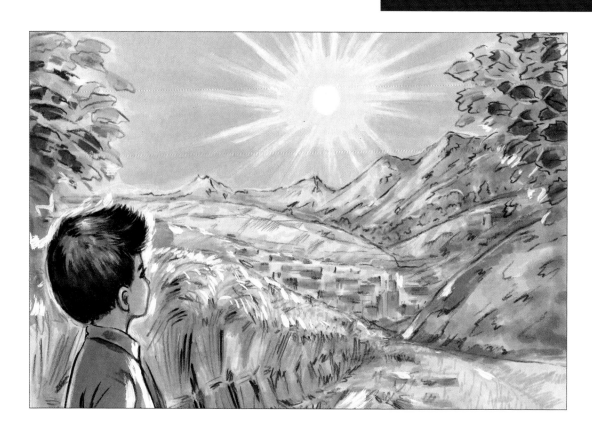

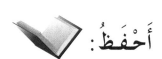

أَحْفَظُ: سُبْحَانَ اللَّهِ

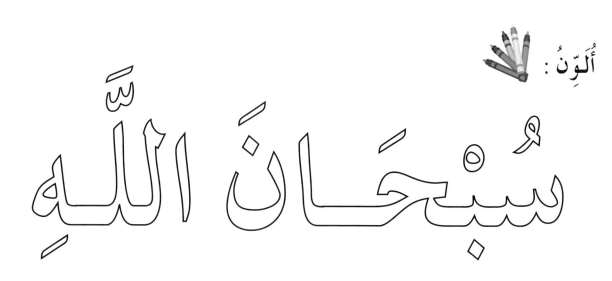

أُلَوِّنُ: سُبْحَانَ اللَّهِ

أُلَوِّنُ

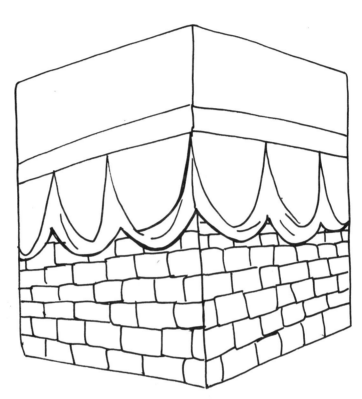

أَسْتَمِعُ وَأَصِلُ بَيْنَ الْعِبَارَةِ وَالصُّورَةِ الْمُنَاسِبَةِ

بِسْمِ اللَّهِ

سُبْحَانَ اللَّهِ

أَنَا إِنْسَانْ

أَنَا إِنْسَانْ أَنَا إِنْسَانْ

سَوَّانِي رَبِّي الرَّحْمَانْ

أَعْطَانِي عَقْلًا وَلِسَانْ

لِي وَجْهٌ فِيهِ الْعَيْنَانْ

فِيهِ الْأَنْفُ وَالْأُذُنَانْ

سُبْحَانَ اللَّـهِ الرَّحْمَانْ

Achevé d'imprimer par CPI Aubin Imprimeur en octobre 2012

Dépôt légal  octobre 2012